BEI GRIN MACHT SICH IHR
WISSEN BEZAHLT

- Wir veröffentlichen Ihre Hausarbeit,
  Bachelor- und Masterarbeit

- Ihr eigenes eBook und Buch -
  weltweit in allen wichtigen Shops

- Verdienen Sie an jedem Verkauf

Jetzt bei www.GRIN.com hochladen
und kostenlos publizieren

Der Net Promoter Score als alleiniger Indikator für Kundenzufriedenheit und Kundenloyalität. Analyse der Aussagekraft

Julia Scheuerer

Bibliografische Information der Deutschen Nationalbibliothek:

Die Deutsche Nationalbibliothek verzeichnet diese Publikation in der Deutschen Nationalbibliografie; detaillierte bibliografische Daten sind im Internet über http://dnb.d-nb.de abrufbar.

ISBN: 9783346546050
Dieses Buch ist auch als E-Book erhältlich.

© GRIN Publishing GmbH
Nymphenburger Straße 86
80636 München

Alle Rechte vorbehalten

Druck und Bindung: Books on Demand GmbH, Norderstedt Germany
Gedruckt auf säurefreiem Papier aus verantwortungsvollen Quellen

Das vorliegende Werk wurde sorgfältig erarbeitet. Dennoch übernehmen Autoren und Verlag für die Richtigkeit von Angaben, Hinweisen, Links und Ratschlägen sowie eventuelle Druckfehler keine Haftung.

Das Buch bei GRIN: https://www.grin.com/document/1151355

Universitätslehrgang Marketing & Vertrieb

HAUSARBEIT

Titel der Hausarbeit:

Die Analyse der Aussagekraft des Net Promoter® Scores als alleiniger Indikator für Kundenzufriedenheit und Kundenloyalität

VerfasserIn: Julia Scheuerer

Lehrveranstaltung: Käuferpsychologie und Marktforschung

I

Inhaltsverzeichnis

Abbildungsverzeichnis

1. Einleitung

1.1. Problemstellung

Die Kundenorientierung und die damit einhergehende Kundenzufriedenheit nimmt aktuell branchenübergreifend eine zentrale Position in vielen Unternehmensstrategien ein. Die Herausforderung besteht darin, die Veränderungen der Märkte von Verkäufern, bis hin zu Käufermärkten zu analysieren und entgegenzutreten. Der Fokus liegt hierbei primär im intensiven Wettbewerb der Märkte sowie den fundamentalen Veränderungen der ökologischen, technologischen und politisch-gesellschaftlichen Systeme (vgl. Goetz Greve, 2021, S. 4 ff). Die Unternehmen haben bereits die Wichtigkeit einer kundenorientierten Unternehmensführung erkannt und investieren seither außerordentliche Summen in die Umsetzung, um bei stagnierenden oder rezessiven Märkten ihre Wettbewerbsposition zu verteidigen oder auszubauen. Die Initiativen zur Emendation der Kundenorientierung beginnen bei der Optimierung des Verständnisses des Kunden, über Messungen der Kundenzufriedenheit und die Entwicklung von Kundenbindungsprogrammen, bis hin zu ausführlichen Umstrukturierungen sowie zugleich den sogenannten Change-Management-Prozessen (vgl. Greve 2012). Trotz all dieser erheblichen Punkte, erkennen wir heutzutage dennoch, dass ausschließlich geringfügige Aspekte dieser Konzepte umgesetzt werden. Die gewünschten Bilanzen werden damit nur geringfügig erreicht. Ein vermutlicher Grund für diesen Mangel an Umsetzungskraft ist aller Voraussicht nach die mangelnde Steuerungsgröße. Diese verhindert es dem Unternehmen die Organisation der Mitarbeiter sowie der allgemeinen Unternehmenskultur einheitlich mit Berücksichtigung der Kundenorientierung umzusetzen.

Einen möglichen Lösungsweg bietet der Net Promoter® Score, denn dieser kann als genau diese zentrale Steuerungsgröße eingesetzt werden, ganz abseits der einzelnen Geschäftsmodelle. Ein planmäßiges Vorgehen mit dem Net Promoter® Score ist eine aussichtsreiche Herangehensweise, um das eigene Unternehmen kundenorientiert zu führen.

Die Herausforderung hierbei ist jedoch, dass der Net Promoter® Score als alleiniger Indikator zur Kundenzufriedenheit nicht aussagekräftig genug sein kann, um die tatsächliche Bindung von Kunden an ein Unternehmen bzw. an einer Marke zu messen.

1.2. Forschungsfrage und Zielsetzung der Arbeit

Zur Analyse der Problemstellung, ergibt sich die Forschungsfrage, wie aussagekräftig der Net Promoter® Score als alleiniger Indikator ist, um die Kundenzufriedenheit und Kundenloyalität zu messen.

Durch eine ausführliche Literaturrecherche besteht das Ziel der vorliegenden Arbeit darin, die Anwendung des Net Promoter® Scores zu untersuchen und die Aussagekraft des Indikators zu bestätigen oder eine Empfehlung zum Einsatz weiterer Kennzahlen auszusprechen.

1.3. Aufbau der Arbeit und Vorgehensweise

Zu Beginn der Arbeit wird im theoretischen Teil der Arbeit die Kennzahl genauestens in Definition, Klassifikation der Kategorien, sowie Erhebung und Berechnung des Net Promoter® Score aufgeschlüsselt. Im weiteren Verlauf wird auf die wirtschaftlichen Aspekte sowie die Aussagekraft der Kennzahl eingegangen.

Anschließend werden wissenschaftliche Standpunkte anhand der Vor- und Nachteile zur Beantwortung der Forschungsfrage dargelegt.

Abschließend erfolgen eine Schlussfolgerung und ein Ausblick, welche sich kritisch mit der behandelten Thematik auseinandersetzen.

2. Theoretischer Hintergrund zum Net Promoter® Score

2.1. Definition

Die ersten Fragen, die sich stellen sind, was der Net Promoter® Score ist und wozu wurde er entwickelt?

Der Net Promoter® Score (NPS) ist eine im Jahr 2003 veröffentliche Untersuchungsmethode von Frederick F. Reichheld gemeinsam mit der bekannten Satmetrix Systems, Inc. und der Bain & Company. Diese zeigte im Rahmen einer Studie den Zusammenhang zwischen der Weiterempfehlungsabsicht des Kunden und dem Umsatzwachstum der Unternehmen auf. Die Studie beschreibt in diesem Zusammenhang die Kernfrage, auch „ultimative Frage" durch Reichheld genannt. Hierbei wurden mehrere tausend Kunden von über vierhundert Unternehmen in sechs unterschiedlichen Branchen mittels einer Befragung analysiert. Der Forschungsansatz war es herauszufinden, welche Dimensionen der Kundenbeziehung die beste Vorhersage für das Umsatzwachstum von Unternehmen liefern. Keine starke Korrelation mit dem Umsatzwachstum zeigten dabei die Zufriedenheit und die Loyalität. Eine hohe Korrelation konnte dagegen bei der Frage, die die Empfehlungsabsicht messen sollte, nachgewiesen werden. Die „ultimative Frage" nach der Empfehlungsabsicht wurde daraufhin der Grundstock eines ganzen Systems für kundenorientierte Unternehmensführung. Die Grundfrage, welche das Gerüst des Net Promoter® Scores ausmacht und durch Kundenstichproben determiniert wird, ist: „Wie wahrscheinlich ist es, dass Sie dieses Unternehmen einem Freund oder Kollegen weiterempfehlen?". Die Antwort erfolgt mithilfe einer Skala von 10 (äußerst wahrscheinlich) bis 0 (äußerst unwahrscheinlich) (vgl. Reichheld/Markey 2011).

Neben der Beantwortung dieser einen Frage können Kunden ergänzend ihre Bewertung in einem Freitextfeld kommentieren (siehe Abbildung 1).

Der NPS ist aufgrund der Einfachheit in der Umsetzung und der leichten Verständlichkeit ein allgemein bekannter Ansatz, um unverzüglich die Probabilität der Weiterempfehlung zu bestimmen. Der Score misst unverzüglich die Loyalität sowie die Zufriedenheit der Kunden (vgl. Foerster 2019).

Wie wahrscheinlich ist es, dass Sie Ihr verwendetes STRATO Produkt einem Freund
oder Kollegen weiterempfehlen werden?

0 1 2 3 4 5 6 7 8 9 10
unwahrscheinlich ○ ○ ○ ○ ○ ○ ○ ○ ○ ○ ○ äußerst
wahrscheinlich

Bitte begründen Sie Ihre Auswahl zur vorherigen Frage.

Absenden

Abb. 1: Online-Befragungsbogen Net Promoter Score (Quelle: STRATO.de)

2.2. Relevante Kategorien zur Berechnung des Net Promoter® Scores

Zur Anrechnung des Net Promoter® Scores benötigt es einer Klassifikation der
Kunden in folgenden drei Abstufungen: Promotoren, Passiv-Zufriedene Kunden und
Detraktoren (Kritiker). Diese Einteilung gibt Aufschluss darüber, welche
werbetechnischen Maßnahmen für welche Personengruppen wirksam sind und auf
welche der Kategorien sich das Unternehmen konzentrieren sollte.

Kunden, die mit 9 oder 10 antworten, kommen in die Kategorie der Promotoren.
Diese Kunden stehen voll und ganz hinter den Produkten sowie den Dienstleistungen
des Betriebes und werden diese definitiv an Partner, Familienmitglieder und Kollegen
weiterempfehlen. Meist zählt diese Personengruppe zu den Stammkunden. Gerade
diese Kategorie von Kunden hat einen erheblichen Wert für das Unternehmen,
beziehungsweise den Betrieb.

Geben Kunden einen Wert zwischen 7 oder 8 ab, werden sie als Passiv-Zufriedene
Kunden klassifiziert. Sie sind relativ zufrieden mit dem Produkt oder der
Dienstleistung. Diese Personengruppe betreibt weder negative Mundpropaganda
noch aktive Weiterempfehlung. Allerdings zählen diese Kunden als sprunghaft und
wechseln häufig zwischen den diversen Wettbewerbern. Passiv-Zufriedene Kunden
werden nicht in den NPS mit einbezogen.

Die letzte Kategorie sind die Detraktoren (Kritiker), die einen Wert kleiner 7 angeben. Diese Kunden sind folglich nicht begeistert von dem Produkt oder der Dienstleistung. Sie werden keinen weiteren Kauf oder eine weitere Dienstleistung bei diesem Unternehmen in Anspruch nehmen. Eine Weiterempfehlung und positive Mundpropaganda ist daher ausgeschlossen. Es besteht außerdem die Gefahr, dass die Unzufriedenheit der Kritiker so stark ausgeprägt ist, dass sie durch ihre negative Mundpropaganda das Unternehmen nachhaltig schädigen (vgl. Foerster 2019).

2.3. Erhebung und Berechnung des Net Promoter® Scores

Die Befragungsarten des Net Promoter® Scores sind vielfältig, ob telefonisch, schriftlich oder persönlich. In der Praxis durchgesetzt hat sich in Abwägung zwischen Aufwand und Nutzen die online Umfrage. Es wird zwischen klassischer E-Mail-Befragung und einer Onsite-Befragung unterschieden. Bei einer Umfrage per E-Mail wird eine bestimmte Kundengruppe gebeten, an einer Umfrage teilzunehmen. Bei der sogenannten Onsite-Befragung werden die Kunden, während der Produktnutzung, durch Öffnen eines Pop-Up-Fensters gebeten, an einer Befragung teilzunehmen. Die einfache Fragestellung und die nur wenige Sekunden dauernde Antwort können zu signifikant höheren Rückläufen im Vergleich zu herkömmlichen Kundenzufriedenheitsbefragungen führen. Kirsch/Van Riet berichten über Rückläufe von mehr als 50 Prozent im B2B- (Business-to-Business) und mindestens 20 Prozent im B2C-Geschäft (Business-to-Consumer).

Die Berechnung des NPS erfolgt durch die Subtraktion der Prozentzahl an Detraktoren von der Prozentzahl an Promotoren (siehe Abbildung 2).
Passiv zufriedene Kunden werden für die Berechnung nicht herangezogen. Der NPS weist damit ein Intervall zwischen −100 und +100 Prozent auf. Von einem hohen NPS-Wert ist ab Werten von 50 Prozent auszugehen, wobei durchschnittliche Unternehmen zwischen einem Wert von fünf bis zehn Prozent liegen. Auch negative NPS-Werte sind bei vielen Unternehmen zu finden. Ein Wert von +100 Prozent würde bedeuten, dass das Unternehmen nur wachstumstreibende Kunden besitzt. Gegenteilig würde ein Wert von -100 Prozent bedeuten, dass das Unternehmen nur Kunden hat, welche ihm kritisch gegenüber stehen und somit wachstumshemmend wirken.

Auch ist erkennbar, dass die Werte von Land zu Land stark schwanken können. So weisen US-amerikanische Unternehmen signifikant höhere NPS-Werte auf als bspw. deutsche Unternehmen, was die Abhängigkeit der Rating-Skalen vom kulturellen Umfeld widerspiegelt (vgl. Greve 2012: 36).

Auf einer Skala von 0–10: Mit welcher Wahrscheinlichkeit würden Sie unsere Leistungen/Angebote an Ihre Kollegen und Freunde weiterempfehlen?

Abb. 2: NPS-Erhebung (Quelle: Greve, Goetz (2012: 37): Momente der Wahrheit managen – Anwendung des Net Promoter Score.)

2.4. Wirtschaftlicher Aspekt und Aussagekraft

Der Net Promoter® Score ist eine Messgröße für die Qualität der Kundenbeziehungen eines Unternehmens, die eine notwendige, jedoch keine hinreichende Voraussetzung für profitables Wachstum ist. Somit ist eine Priorisierung eines hohen NPS nicht das wesentliche Ziel, da dieser Wert alleine keinen Unternehmenserfolg garantiert. Das Hauptziel sollte darin bestehen, aufgrund der Kundenorientierung und daraus resultierenden Kundenloyalität langfristige Gewinne zu generieren. Langfristige Gewinne entstehen mit Hilfe enthusiastischer Kunden, die begeistert sind, gerne wieder kommen und die besten Empfehlungen an ihr Umfeld abgeben (vgl. Reichheld/Markey 2012: 41ff). Offensive Preisstrategien, Produkterweiterung, neue Marketingkampagnen, starke Marktpositionen, wirtschaftlicher Vorsprung sind nur erfolgreich unter der Voraussetzung, dass die Kunden durch die Begegnung mit dem Unternehmen Loyalität aufbauen. Der NPS ist damit eine Messgröße, die erfasst, ob Unternehmen und Organisationen durch ihren Umgang mit den Menschen Loyalität verdienen. Häufig lassen sich Unternehmen durch kurzfristige Gewinne, die durch Rabatte oder kurzfristige Preissenkungen erzeugt werden, verleiten. Diese werden auf Kosten des Kunden generiert, da sie zumeist auf irreführende oder ungerechte Preisgestaltung, schlechte Erlebnisse, Verkauf ungeeigneter Produkte und Benachteiligung von Kunden erreicht werden.

Diese kurzfristigen Gewinne generieren zwar einen Gewinnanstieg, jedoch verursachen sie durch die sinkende Kundenzufriedenheit gefolgt von eventuellem Kundenverlust enorme Folgekosten. Langfristige Gewinne generieren durch steigende Kundenzufriedenheit und Begeisterung, mithilfe von Weiterempfehlung und Loyalität, einen Mehrwert für das Unternehmen, wogegen kurzfristige Gewinne dem Unternehmen mit negativer Kommunikation und Abwanderung von Kunden sogar Wert entziehen (vgl. Reichheld/Markey 2012: 35ff). Der NPS fokussiert diese Punkte und lenkt die Aufmerksamkeit der Unternehmensführung und der Mitarbeiter wieder zurück zum Wesentlichen, wonach andere so behandelt werden sollen, wie man selbst behandelt werden möchte. Mit Umsetzung dieser „Goldenen Regel", wie sie Reichheld nennt, stehen der Kunde und der Mitarbeiter wieder als Menschen im Vordergrund. Reine Finanzkennzahlen machen keine Unterscheidung zwischen langfristigen und kurzfristigen Gewinnen. Finanzkennzahlen als solche, lassen keine Unterscheidung zwischen guten und schlechten Gewinnen zu, und normale Finanzbuchhaltung und Controlling sind nicht aussagekräftig, wenn Loyalitätsempfinden, Enthusiasmus, Wiederholungskäufe, Empfehlungen und Verhaltensweisen entdeckt werden sollen. Das NPS ist ein „Opensource System", was den Unternehmen ermöglicht diese Messgröße zu erweitern und an ihre eigene Unternehmensstruktur anzupassen (vgl. Reichheld/Markey 2012: 26ff). Die Einbindung der Mitarbeiter ist ein sehr wichtiger Aspekt in der Umsetzung des Systems. Das NPS setzt genau an jener Stelle an, bei der die Kundenzufriedenheit und Begeisterung entsteht und später zur Loyalität wird. Durch Einbindung der Mitarbeiter bringt das Unternehmen seinen Mitarbeitern Wertschätzung entgegen, wodurch sich Veränderungen viel leichter durchsetzen lassen und Fehlentwicklungen früher erkannt werden. Somit erzeugt das NPS, mit dessen Leistungsmessung auf dem Weg zum Unternehmenswachstum Verantwortlichkeit gegenüber dem jeweiligen Umfeld sowie einem Aufbau guter Beziehungen (vgl. Reichheld/Markey 2012: 47). Dadurch besitzt der NPS die Kraft, ein Umdenken in der Unternehmensstrategie und dem Unternehmensalltag zu erreichen. Denn Kundenorientierung ist eine Einstellung und Ideologie, die von großer Bedeutung ist. Hat die Philosophie des NPS den Einzug in das gesamte Unternehmen und Managementsystem, angefangen von der Führungsebene bis zum Mitarbeiter, geschafft, so ist ein großer Meilenstein auf dem Weg zum Unternehmenswachstum mithilfe des NPS erreicht (vgl. Reichheld/Markey 2012: 48ff).

2.5. Vor- und Nachteile des Net Promoter® Scores

Verglichen mit anderen Kundenzufriedenheitsanalysen setzt sich der Net Promoter® Score vordergründig durch die einfache Umsetzung des Konzeptes, der Durchführung sowie der Erhebung ab. Diese erfolgt schnell und kann zugleich ohne statistische Vorkenntnisse verstanden und auch weitergegeben werden. Hierbei wird kein komplizierter Algorithmus verwendet, der nur von Datenanalysten und Spezialisten ausgewertet werden kann (vgl. Reichheld/Markey 2012: 46). Weitere Argumente für den Einsatz des NPS als effektive Steuerungsgröße für eine kundenorientierte Unternehmensführung sind die authentische Erfassung ganzheitlich und intuitiver Kundenbewertungen, die hohe Rücklaufquote, bedingt durch ihre Einfachheit bei der Erhebung, die leicht verständliche, metrische Kennzahl sowie die zeitnahe Verfügbarkeit des Kundenfeedbacks. Hohe Rücklaufquoten von über 50 Prozent sind durch die Methodik des NPS keine Seltenheit, verglichen mit anderen Kundenzufriedenheitsumfragen. Durch die kurze Befragung erhöht sich die Akzeptanz bei den Befragten und die Bereitschaft daran teilzunehmen (vgl. Reichheld/Markey 2012: 101).

Im Gegensatz zu den klassischen Instrumenten der Kundenzufriedenheitsforschung kann der NPS dazu führen, dass neben seinem Einsatz als Führungsinstrument in Organisationsbereichen mit Kundenkontakt, auf Basis des NPS, unternehmens- und hierarchieübergreifend ein kundenorientierter Lern- und Verbesserungsprozess initiiert wird. Die Schaffung herausragender, positiver Momente der Wahrheit sollte dabei das Ziel des Handelns sein. Damit kann der NPS eine wesentliche Grundlage für die kundenorientierte Unternehmensführung bilden (vgl. Greve 2012).

Aufgrund seiner Einfachheit und Schnelligkeit bei der Erhebung können jedoch auch etwaige Nachteile entstehen. Der Net Promoter® Score wird vor allem seitens der Wissenschaft kritisiert, da dieser auf einem einzigen Wert basierend, keine ausreichende Grundlage für ein strategisches Management darstellt. Der NPS-Wert an sich ist ein Unternehmenswert, der nicht auf die einzelnen Befragten heruntergebrochen werden kann, was für eine Analyse jedoch unverzichtbar ist.

Eine Kundenzufriedenheitsmessung auf eine „ultimative Frage" zu reduzieren, ist nicht zielführend und stellt keine ausreichende Grundlage dar. Zudem kann eine nicht korrekt durchgeführte Befragung, zu einer eingeschränkten Aussagekraft führen.

Leider kann sich die Beständigkeit der Erhebungsmethode als einen der negativen Aspekte des Net Promoter® Scores herausstellen. Durch die große Auswahl an verschiedenen Erhebungsmethoden leidet auch die Vergleichbarkeit. Demnach mangelt es mit der Zeit an aussagekräftigen Resultaten, welche nicht oder nur vermindert miteinander verglichen werden können. Nicht nur das, denn zugleich müssen auch die Unterschiede unter anderem im Geschlecht, der Herkunft, dem Alter und vielen weiteren Punkten, welche die Antworten beeinflussen könnten, berücksichtigt werden. (vgl. Vogelaar 2010: 105 ff). So konnte beispielsweise Schmolke in einer internationalen Fallstudie nachweisen, dass der gleiche Skalenwert eine unterschiedliche psychologische Bedeutung in verschiedenen Ländern besitzt (siehe Abbildung 3).

Diese Abbildung wurde aus urheberrechtlichen Gründen von der Redaktion entfernt.

Abb. 3: Kultureller Einfluss auf die Bewertung der gleichen Rating-Skala in verschiedenen Ländern (Quelle: https://www.vocatus.de/files/pdf/ Vocatus-2007-08-PA-Sinn-des-NPS.pdf)

Einen Vor- und Nachteil zugleich stellen die großen Schwankungen aufeinanderfolgender Messungen dar. Der NPS kann einen Wert von +100 bis -100 Prozent annehmen, welche sich jedoch in der Praxis regelmäßig zwischen -50 und +50 Prozent widerspiegeln. Eine Verschiebung von 10 bis 20 Prozentpunkten erregt Aufmerksamkeit, welche zum Nachdenken und Handeln in der Geschäftsführung führt. Durch die hohe Volatilität des Scores besteht die Chance, Störungen in der Anbieter-Kundenbeziehung frühzeitig zu erkennen (vgl. Vogelaar 2010).

Der Nachteil von großen Schwankungen, die nicht erklärt werden können oder aufgrund von unerwarteter Störungen in der Messmethode zustande kommen, führen zu Unsicherheit und Verwirrungen bei Mitarbeitern. Ist das Ergebnis an Erfolgsvergütungen gekoppelt, kann das unangenehme Auswirkungen für das Management haben (vgl. Reichheld/Markey 2012: 112 ff).

3. Schlussfolgerung und Ausblick

Den Net Promoter® Score als alleinigen Indikator zur Kundenzufriedenheit und Kundenloyalität einzusetzen ist nicht aussagekräftig genug, um die tatsächliche Bindung von Kunden an ein Unternehmen bzw. an einer Marke zu messen.

Durch die ausführliche Literaturrecherche wurde herausgefunden, dass sich der NPS als erste aussichtsreiche Herangehensweise, um das eigene Unternehmen kundenorientiert zu führen eignet, jedoch nicht als Hauptgrundlage anzusetzen gilt. Eine expressive Analyse beinhaltet und durchleuchtet einzelne demografische, geografische, psychografische und verhaltensbezogene Aspekte der Befragten. Die Kundenzufriedenheitsmessung anhand des Net Promoter® Scores hingegen wird lediglich auf eine „ultimative Frage" reduziert und stellt somit keine ausreichende Grundlage dar.

Der NPS als „Opensource System", sollte von Unternehmen genutzt werden, diese Messgröße zu erweitern und an ihre eigene Unternehmensstruktur anzupassen. Nur mit Einbindung weiterer Kundenzufriedenheitsanalysen und Kennzahlen kann ein ganzheitlicher Lern- und Verbesserungsprozess initiiert werden und somit das Unternehmen nachhaltig davon profitieren sowie langfristig Gewinne erzielen.

Literaturverzeichnis

Foerster, Bastian (2019): Net Promoter Score - Kundenloyalität mit einer Frage messen, DIM-Marketingblog ✚ Marketingnews ✚ Tipps & Tricks ✚ Marketing-Tools ✚ Jetzt zum Marketing-Blog! - DIM-Marketingblog, [online] https:// www.marketinginstitut.biz/blog/net-promoter-score/ [abgerufen am 12.10.2021].

Greve, Goetz/Elke Benning-Rohnke (2010): Kundenorientierte Unternehmensführung: Konzept und Anwendung des Net Promoter® Score in der Praxis, 2010. Aufl., Wiesbaden, Deutschland: Gabler Verlag.

Greve, Goetz (2012): Momente der Wahrheit managen – Anwendung des Net Promoter Score, in: Business + Innovation, Bd. 3, Nr. 3, S. 34–41, [online] doi:10.1365/s35789-012-0067-y.

Reichheld, Fred/Rob Markey (2011): The Ultimate Question 2.0 (Revised and Expanded Edition): How Net Promoter Companies Thrive in a Customer-Driven World (English Edition), Revised, Expanded, Boston, Amerika: Harvard Business Review Press.

Reichheld, Fred/Rob Markey (2012): Die ultimative Frage 2.0: Wie Unternehmen mit dem Net Promoter System kundenorientierter und erfolgreicher sind, 1. Aufl., Frankfurt, Deutschland: Frankfurter Allgemeine Buch.

H. J. Schmolke (2007): Über Sinn und Unsinn des Net Promoter Scores (NPS) Internet-Quelle: https://www.vocatus.de/files/pdf/Vocatus-2007-08-PA-Sinn-des-NPS.pdf

Vogelaar, Rijn (2010): Der Superpromoter: Umsatz und Reputation steigern mit begeisterten Kunden, 2011. Aufl., Rotterdam, Holland: Gabler Verlag.

BEI GRIN MACHT SICH IHR
WISSEN BEZAHLT

- Wir veröffentlichen Ihre Hausarbeit,
  Bachelor- und Masterarbeit

- Ihr eigenes eBook und Buch -
  weltweit in allen wichtigen Shops

- Verdienen Sie an jedem Verkauf

Jetzt bei www.GRIN.com hochladen
und kostenlos publizieren